Inhalt

Steigende Energiepreise und sinkender Energieverbrauch - 2008 soll das Jahr des Energiesparens werden

Kernthesen

Beitrag

Fallbeispiele

Zahlen und Fakten

Weiterführende Literatur

Impressum

ABSTRACT# Steigende Energiepreise und sinkender Energieverbrauch - 2008 soll das Jahr des Energiesparens werden

Autor GENIOS BranchenWissen: A.Schneider

Kernthesen

- Die Deutschen machen sich Sorgen um die immer teurer werdende Energie. Die meisten nehmen an, dass die Preise für Öl, Strom und Gas auch künftig weiter steigen werden. Das Vertrauen in Politik und Energiewirtschaft ist gering.
- Die Bereitschaft der Kunden, den Tarif oder den Stromanbieter zu wechseln, nimmt deutlich zu. Haushalte und Industrie haben

im abgelaufenen Jahr um 5 Prozent weniger Primärenergie verbraucht. Damit war der Energieverbrauch so niedrig wie zuletzt Mitte der siebziger Jahre.
- Die Bundesbürger sparen bei der Beleuchtung, der Beheizung der Wohnräume, der Auswahl energiesparender Haushaltsgeräte und zunehmend auch bei Autofahrten. Als Energiequellen der Zukunft favorisieren sie Sonne und Wind.

Beitrag

Ihr guter Vorsatz für 2008? Überall Energiesparlampen einsetzen und die Heizungsanlage modernisieren. - Damit liegen Sie im Trend. 2008 soll das Jahr des Energiesparens werden.

Sorgen um teure Energie erneut kräftige Strompreiserhöhungen zum 1. Januar

Energie wird immer teurer. Die Deutschen mussten im Abrechnungsjahr 2006 beispielsweise für Heizung und Warmwasser 13 Prozent mehr bezahlen, so rechnete der Deutsche Mieterbund (DMB). Zum 1. Januar 2008 wurden erneut kräftige Strompreiserhöhungen wirksam. Im Durchschnitt steigen die Tarife in der Grundversorgung um 6,6 Prozent gegenüber Anfang 2007, hat das Verbraucherportal Verivox errechnet. Ein Durchschnittshaushalt mit 4 000 Kilowattstunden Verbrauch im Jahr zahlt in diesem Jahr rund 855 Euro an seinen Versorger, rund 50 Euro mehr als im vergangenen Jahr. (1)

Und immer mehr Deutsche machen sich große Sorgen um die steigenden Preise für Strom, Gas und Öl. Mehr als jeden zweiten Bürger beunruhigt die teure Energie stärker als etwa die hohen Steuern und Sozialabgaben oder die Sicherheit der staatlichen Renten. Dies fand das Allensbacher Institut in seiner jüngsten Umfrage zum Energiemarkt heraus. Vor allem die hohen Kraftstoffpreise machen vielen zu schaffen. 69 Prozent der Bevölkerung sehen sich von den höheren Benzin- und Dieselpreisen stark belastet. (2)

Kaum jemand rechnet ernsthaft damit, dass die Energiepreise wieder sinken. Im Gegenteil, die überwältigende Mehrheit nimmt an, dass sie künftig weiter steigen werden.

Das Vertrauen in die Politik und die Energieversorger

ist gering. Von der Politik erwarten die Bürger Maßnahmen, die mehr Wettbewerb fördern, stärkere Kontrollen und sogar direkte Eingriffe in die Preisgestaltung. Auch wünschen sie sich ein stärkeres Vorantreiben erneuerbarer Energien.
Die Energiewirtschaft, allen voran die großen Mineralölunternehmen, sind äußerst unbeliebt und als die großen Absahner verrufen. Zu hohe Gewinne, überhöhte Preise, Preisabsprachen, mangelnde Transparenz und unzureichender Wettbewerb werden ihnen vorgeworfen. 92 Prozent schreiben den Energieversorgern zu, sie verlangten überhöhte Preise, 85 Prozent halten sie für schwer kontrollierbar, 74 Prozent sehen sie kaum einer nennenswerten Konkurrenz ausgesetzt. (2)

Wechselbereitschaft der deutschen Stromkunden steigt

Viele Bundesbürger handeln inzwischen. Immer mehr wechseln nach einem Preisvergleich im Internet zu einem billigen Stromanbieter. Der Bundesverband der Energie- und Wasserwirtschaft (BDEW) rechnet damit, dass bis Ende 2007 seit der Liberalisierung der Stromwirtschaft in Deutschland 1998 jeder zweite Haushalt den Tarif oder den Anbieter gewechselt hat. (3)

Den etablierten Stromkonzernen laufen die Kunden davon. Zwar haben sie inzwischen vorgesorgt und Billiganbieter ins Konzernportfolio aufgenommen (zum Beispiel Eon: E wie einfach, RWE: Eprimo, EnBW: Yello). Doch ganz auffangen können sie die weglaufenden Kunden nicht. So gesteht RWE, dass seine Kunden zu Zehntausenden zu anderen Stromanbietern wechseln und der Aderlass durch Zugänge bei Eprimo nicht kompensiert werden könne.

Die meisten Kunden wechseln nur in einen Spartarif ihres etablierten regionalen Versorgers, doch immer mehr wählen gänzlich einen neuen Billiganbieter. So verzeichnet beispielsweise Flexstrom einen Kundenzulauf so hoch wie noch nie: Im November waren es 20 000 neue Kunden, im Dezember wohl noch mehr. (1)

Haushalte und Industrie verbrauchen weniger Primärenergie

Die hohen Preise für Öl, Strom und Gas haben mittlerweile direkte Auswirkung auf die Energienachfrage. Die Deutschen haben 2007 trotz des hohen Wirtschaftswachstums deutlich weniger

Energie verbraucht. Milde Temperaturen vor allem in den ersten vier Monaten des Jahres und hohe Energiepreise ließen den Verbrauch an Mineralöl und Erdgas kräftig sinken.

Nach vorläufigen Berechnungen der Arbeitsgemeinschaft Energiebilanzen (AGEB) wurden 5 Prozent weniger Primärenergie - vor allem Öl, Gas, Kohle - verbraucht als im Vorjahr. Insgesamt seien 2007 in Deutschland 472 Millionen Tonnen Steinkohleeinheiten Energie (Mio. t SKE) und damit knapp 25 Mio. t SKE weniger eingesetzt worden. Damit war der Energieverbrauch so niedrig wie zuletzt Mitte der siebziger Jahre. [Abb.1]

Wie sah der Verbrauch bei den einzelnen Energieträgern aus? Die hohen Preise drückten den Verbrauch an **Mineralöl** um 10 Prozent auf knapp 160 Mio. t SKE und damit auf den niedrigsten Stand seit 1970. Der Mineralölanteil am gesamten Energieverbrauch ging auf 33,8 Prozent (Vorjahr: 35,5) zurück. Der Absatz von Heizöl brach um deutliche 36 Prozent ein. Biokraftstoffe wurden kräftig nachgefragt, doch auch Flugbenzin wurde mehr verkauft.Beim **Erdgas** legten sowohl private Haushalte als auch Industrie Sparsamkeit an den Tag. Der Erdgasabsatz lag mit 107 Mio. t SKE um 4,5 Prozent unter dem Vorjahreswert. Der Erdgasanteil am gesamten Energieverbrauch stieg minimal auf 22,7

Prozent (Vorjahr: 22,6).Der Einsatz von **Steinkohle** stieg um 1,5 Prozent auf 66,6 Mio. t SKE. Bei der Erzeugung von Strom und Wärme und in der Stahlindustrie wurde mehr Steinkohle eingesetzt. Der Anteil der Steinkohle am gesamten Energieverbrauch stiegt damit auf 14,1 Prozent (Vorjahr: 13,2).Die höhere Nachfrage der Kraftwerke führte bei der **Braunkohle** zu einem um 3 Prozent höheren Absatz. Ihr Anteil am gesamten Energieverbrauch erreichte 11,7 Prozent (Vorjahr: 10,8). Der Beitrag der **Kernenergie** zum Energieaufkommen ging um 16 Prozent zurück, da etliche Kraftwerke nicht in Betrieb waren. Ihr Anteil am Gesamtenergieverbrauch sank leicht auf 11,1 Prozent (Vorjahr: 12,5).Die **erneuerbaren Energien** legten weiterhin zu. Der Beitrag aller erneuerbaren Energien zum Primärenergieverbrauch erreichte 2007 eine Höhe von 31 Mio. t SKE. Sie erreichten damit einen Anteil von 6,6 Prozent (Vorjahr: 5,4) am gesamten Primärenergieverbrauch. Vor allem die Windenergie wurde um mehr als 30 Prozent kräftig ausgebaut. Auch die Stromerzeugung aus Wasserkraft nahm leicht zu. (4)

Anhaltender Trend - 2008 wird das Jahr des Energiesparens

Der Trend zum Energiesparen soll sich fortsetzen. Der Verein Deutscher Ingenieure (VDI) prognostiziert: "2008 wird das Jahr des Energiesparens". (5) Die Bundesbürger sparen bei der Beleuchtung und steigen auf klimaschonende Energiesparlampen um. Die Siemens-Tochter Osram kann dies bestätigen. Mit klassischen Glühlampen, die zwar weniger kosten, aber eine deutlich kürzere Lebensdauer als Halogenlampen oder Leuchtdioden (LED) haben, werden inzwischen nur noch unter fünf Prozent des Umsatzes erzielt. Der Anteil energieeffizienter Produkte an den Gesamterlösen liege derzeit bei 60 Prozent. (6)

Die energiebewussten Haushalte machen sich auch Gedanken über die richtige Strategie beim Heizen und der Warmwassererzeugung. Die Heizungsanlage wird vor dem Winter überprüft, die Heizkörper werden entlüftet, undichte Türen und Fenster repariert. Im Extremfall wird sogar modernisiert und auf Brennwerttechnik umgestellt. Mit ihr kann man nicht nur die Hitze der Flamme, sondern auch die im Wasserdampf der Abgase enthaltene Wärme nutzen und erzielt eine mustergültige Brennstoffausbeute von knapp 90 Prozent. (7) Gespart wird auch bei der Auswahl energiesparender Haushaltsgeräte und zunehmend auch bei Autofahrten.

87 Prozent bemühen sich zumindest zum Teil um

Einsparungen bei der Beleuchtung der Wohnung, 62 Prozent bei der Beheizung der Wohnräume; 57 Prozent haben bewusst energiesparende Haushaltsgeräte gekauft, 35 Prozent die Wärmedämmung ihrer Wohnung oder ihres Hauses verbessert. Der Anteil der Bevölkerung, der sich um eine Reduzierung seiner Autofahrten bemüht, ist in den letzten vier Jahren von 24 auf 37 Prozent angestiegen, so das Allensbacher Institut. (2)

2008 sollen in Deutschland etliche revolutionäre Projekte, bei denen erneuerbare Energiequellen genutzt werden, starten. Beispielsweise soll in Sachsen die weltgrößte Fabrik zur Herstellung von Kraftstoff aus Biomasse den Betrieb aufnehmen, im Sommer soll vor der Nordseeinsel Borkum Deutschlands erster Offshore-Windpark mit den größten Mühlen der Welt ans Netz gehen, und im Spätherbst soll im Rheinland das erste Solarturm-Kraftwerk eingeweiht werden. Das Geothermiekraftwerk Landau, Deutschlands zweite große Erdwärmeanlage, soll ans Netz gehen. Daimler, VW und Audi wollen die ersten Voll-Hybridautos aus deutscher Produktion an den Start bringen. Auf der Hamburger Alster startet ein völlig emissionsfreies Touristenboot, das mit einer Brennstoffzelle ausgestattet ist, die mit Wasserstoff versorgt wird. (5)

Sonne und Wind als Energiequellen der Zukunft von Bundesbürgern favorisiert

Diese Projekte kommen den Idealvorstellungen der deutschen Bürger sehr entgegen. Sie sähen nämlich die Sonnen- und die Windenergie gerne an vorderster Front. Das Allensbacher Institut fragte nach, welche Energie in den nächsten zwei, drei Jahrzehnten den größten Beitrag zur Energieversorgung leisten werde und die Befragten nannten die Sonnenenergie mit Abstand am häufigsten (63 Prozent), gefolgt von der Windenergie (50 Prozent). Deutlich weniger populär sind die Kernenergie (39 Prozent), Erdgas (35 Prozent) und Wasserkraft (33 Prozent). Noch weiter hinten rangiert das Erdöl. Nur 23 Prozent der Bevölkerung gehen davon aus, dass Erdöl in den nächsten Jahrzehnten wesentlich zur deutschen Energieversorgung beitragen wird. Auch die Nachricht vom Kohleausstieg ist angekommen. Nur 12 Prozent können sich vorstellen, dass die Kohle künftig einen beträchtlichen Anteil zur Energieversorgung beisteuern wird. (2)

Fazit

Die Zeit der glanzvollen Weihnachtsbeleuchtung von Häusern, Strassen und Weihnachtsmärkten ist nun vorbei. Der Stromtarif oder gar anbieter ist gewechselt, Brennholz für den Kaminofen reichlich gelagert. Bleibt noch die vermutlich geringe Hoffnung darauf, dass die Benzinpreise zumindest nicht mehr weiter ins Exorbitante ansteigen werden

Fallbeispiele

Verivox.de

ist das größte und unabhängige Verbraucherportal für Energie und Telekommunikation in Deutschland. Verbraucher können auf www.verivox.de kostenlos Tarife vergleichen und direkt den Anbieter wechseln.Verivox rechnet damit, dass die Preiserhöhungen für Strom und Gas zum 1. Januar die deutschen Haushalte in diesem Jahr mit rund einer Milliarde Euro belasten werden. Der Strompreis steige im Durchschnitt um 7,5 Prozent, was zu einer Mehrbelastung in Höhe von 637 Millionen Euro führe. Die höchste Erhöhung müssten die Bayern schlucken.Die Gaspreise werden um durchschnittlich

5,8 Prozent angehoben. Die Mehrkosten für die Verbraucher belaufen sich dadurch insgesamt auf rund 500 Millionen Euro. Hier trifft es die Berliner am härtesten. (8), [Abb.2]

Zahlen & Fakten

Energieverbrauch 2007

Energieverbrauch 2007 gesamt 472 Mio. Tonnen Steinkohleeinheiten (SKE)	Veränderungen in Prozent
Mineralöl	-9,7%
Erdgas	-4,5%
Steinkohle	+1,5%
Braunkohle	+2,8%
Kernenergie	-16,1%
Wind	+31,6%
Wasser	+0,8%

GBI-Geibs Grafik

Quelle: Arbeitsgemeinschaft Energiebilanzen e.V. (AGEB)

Entnommen aus: www.ag-energiebilanzen.de

Höhere Energiepreise

Gas	durchschnittliche Erhöhung		Strom	durchschnittliche Erhöhung	
	in Prozent*	in Euro		in Prozent**	in Euro
Berlin	7,8	95	Bayern	9,7	75
Rheinland-Pfalz	6,5	80	Hessen	8,9	72
Bayern	6,4	82	Thüringen	8,2	71
Baden-Württemberg	6,0	78	Brandenburg	7,9	69
Brandenburg	5,9	75	Saarland	7,8	69
Hamburg	5,8	71	Niedersachsen	7,7	62
Sachsen	5,7	78	Mecklenburg-Vorpommern	7,6	65
Schleswig-Holstein	5,7	70	Rheinland-Pfalz	7,3	61
Nordrhein-Westfalen	5,4	68	Sachsen-Anhalt	6,9	58
Mecklenburg-Vorpommern	5,3	69	Schleswig-Holstein	6,0	50
Niedersachsen	5,1	64	Baden-Württemberg	6,0	51
Hessen	5,0	62	Nordrhein-Westfalen	6,0	49
Sachsen-Anhalt	4,9	64	Sachsen-Anhalt	4,6	42
Saarland	4,8	62	Hamburg	0,0	0
Thüringen	3,6	49	Bremen	0,0	0
Bremen	0,0	0	Berlin	0,0	0

* Bruttopreise, Haushaltskunden, Jahresverbrauch 20000 kWh, Heizleistung 10 kWh; berücksichtigt wurden die günstigsten Angebote lokaler Versorger, soweit diese im Internet veröffentlicht werden. Angebote, die nur begrenzt verfügbar sind, wurden nicht berücksichtigt.
** Bruttopreise, Haushaltskunden, Jahresverbrauch 4000 kWh; berücksichtigt wurden nur die Grundversorgungstarife.

Quelle: Verivox, 20.12.2007

Entnommen aus: Frankfurter Allgemeine Zeitung, 02.01.2008, Nr. 1, S. 11

Weiterführende Literatur

(1) Wechsel des Stromanbieters spart bis zu 400 Euro

aus Frankfurter Allgemeine Zeitung, 20.12.2007, Nr. 296, S. 12

(2) Der Preisschock auf dem Energiemarkt
aus Frankfurter Allgemeine Zeitung, 19.12.2007, Nr. 295, S. 5

(3) Schlacht um die Stromkunden
aus Frankfurter Allgemeine Zeitung, 18.12.2007, Nr. 294, S. 20

(4) Arbeitsgemeinschaft Energiebilanzen e.V. (AGEB), Hohe Preise und Temperaturen senken Energieverbrauch kräftig, Pressemitteilung Nr. 08/07, www.ag-energiebilanzen.de
aus Frankfurter Allgemeine Zeitung, 18.12.2007, Nr. 294, S. 20

(5) 2008
aus WirtschaftsWoche NR. 052 VOM 21.12.2007 SEITE 128

(6) Osram setzt auf Energiesparlampen
aus Handelsblatt Nr. 242 vom 14.12.07 Seite 20

(7) Jedem sein eigenes Kleinkraftwerk im Keller
aus Frankfurter Allgemeine Zeitung, 11.12.2007, Nr. 288, S. T1

(8) Eine Milliarde Euro mehr für Strom und Gas
aus Frankfurter Allgemeine Zeitung, 02.01.2008, Nr. 1, S. 11

Impressum

Steigende Energiepreise und sinkender Energieverbrauch - 2008 soll das Jahr des Energiesparens werden

Bibliografische Information der deutschen Nationalbibliothek

Die Deutsche Nationalbibliothek verzeichnet diese Publikation in der deutschen Nationalbibliografie; detaillierte bibliografische Daten sind im Internet über http://dnb.d-nb.de abrufbar.

ISBN: 978-3-7379-2350-7

© 2015 GBI-Genios Deutsche Wirtschaftsdatenbank GmbH, Freischützstraße 96, 81927 München, www.genios.de

Alle Rechte vorbehalten. Dieses Werk ist einschließlich aller seiner Teile – z.B. Texte, Tabellen und Grafiken - urheberrechtlich geschützt. Jede Verwertung außerhalb der Grenzen des Urheberrechtsgesetzes bedarf der vorherigen Zustimmung des Verlags. Dies gilt insbesondere auch für auszugsweise Nachdrucke, fotomechanische Vervielfältigungen (Fotokopie/Mikroskopie), Übersetzungen, Auswertungen durch Datenbanken oder ähnliche Einrichtungen und die Einspeicherung und Verarbeitung in elektronischen Systemen.